Mary Long Gone

Traumgeborgen

Gedichte und Märchen

2016

©Marieke Lange

Gedichte

Herstellung und Verlag:
BoD - Books on Demand, Norderstedt
ISBN 978-3-7412-6425-2

„Und vielleicht trägt der Wind

meine Worte

über die Grenze der Phantasie

in Dein geheimes Land."

Traumgeborgen

Ein lächelndwarmer Augenblick
Aus sommerwindekostbar' Gold
Und in bernsteinzarte Seele
Sinkt ein regenweiches Wort

Sternensüß verliebte Augen
Seh'n frühlingsfroh einander an
Herzglitzernden Glückes steh'n sie
Traumgeborgen Arm in Arm

Erinnerung an eine Sommernacht

Die Sonne scheint, wir sind vereint
In einer Sommernacht.
Der Wind der weht, die Zeit vergeht,
Doch wir bleiben wach.
Ein Hauch der meinen Arm berührt,
In eine andere Welt verführt
Und du bist bei mir.
Die Luft, die meine Haare streift,
Ganz sacht nach meinem Atem greift;
Ich sitz neben Dir.

Tausend kleine Sterne
Scheinen so hell und klar;
Ein Licht so fern und doch so nah.
Ich lass dich nie mehr gehen.
Am Horizont ein heller Schein,
Ein helles Licht,
Was kann das sein?
Ich kann es nicht verstehen.

Die Sonne scheint, wir waren vereint
In einer Sommernacht.
Der Wind der weht, die Zeit vergeht,
Doch ich liege wach.
Dort im Nebel vor dem Fenster
Seh' ich Dein Gesicht.
Ich halt Dich fest, ganz nah bei mir,
Denn ich brauche Dich.
Wie Luft die meine Haare streift
Und nach meinem Atem greift,
Doch Du bist nicht mehr hier.

Tausend kleine Sterne
Scheinen so hell und klar.
Ein Licht so fern und doch so nah;
Unendlich weit wie Du.
Am Horizont ein heller Schein,
Ich habe Angst, was kann das sein;
Was kommt da auf mich zu?

Zauber der Vergangenheit,
Er holt mich wieder ein.
Doch etwas ist anders, denn Du bist nicht hier.

Und langsam versteh ich,
Die Zeiten ändern sich.
War das nur ein Traum,
Warst Du je wirklich hier,
oder Illusion meiner Phantasie
So deutlich wie nie?

Tausend Träume in mir erfroren;
Nicht einer wurd' wahr
Denn ich hab Dich verloren.

Die Sonne scheint, wir sind vereint
Im Land der Ewigkeit.
Doch Sommer kommen und Sommer gehen
Und schon bald beginnt die Winterzeit.
Wenn der erste Hauch die Blumen erfriert
Und die Sonne ihren Glanz verliert,
spürst Du wie der Geist erwacht?
Er verfolgt Dich in die Dunkelheit,
ein Schatten aus der Wirklichkeit
und Erinnerung an eine Sommernacht.

Lamento No. 1

Blick in die Ferne
Ich sehe Dich dort
Am Horizont
Ein ferner Ort.

Schrei in die Ferne
Ich rufe nach Dir
Ich brauch' Deine Wärme
Warum bist Du nicht hier?

Die Sonne geht unter
Der Tag weicht der Nacht
Der Himmel wird dunkel
Und die Sehnsucht erwacht.

Lamento No.2

Ohne Worte

Allein in der Stille

Ich seh' Dein Gesicht

Doch ich finde Dich nicht.

Ohne Hoffnung

Allein mit den Schmerzen

Weiß noch wie Du sprichst

Doch ich höre Dich nicht.

Ohne Liebe

Allein in der Fremde

Du berührst mein Gesicht

Doch ich spüre Dich nicht.

Ohne Worte

Nur Verzweiflung und Pein

Doch immer noch bitt' ich

Komm endlich heim!

Eine Rose am Strand

Warm, es ist so warm
draußen; die Luft ist warm.
Die Nacht ist warm.
Die Nacht ist still.
Ich stehe am Fenster; still.
Es ist so still.
Die Nacht ist still.
Ich denk' an Dich,
ganz ruhig.
Meine Gedanken sind bei Dir.

Und es ist so still, so leer
in mir; so leer.
Mein Kopf, mein Herz
so leer.
Nur meine Gedanken rasen;
so schwarz,
so grau,
so voller Sorge.

Eine Ahnung so schwarz, so grau,
so leer.

Und alles ist still.

Nur ein Vogel singt
und ein Baum raschelt
und der Wind weht
und ich atme.

Und der Vogel ruft,
der Baum, der rauscht
der Wind, der braust
und ich atme-
so laut.

Und der Vogel schreit,
der Baum, der knackt,
der Wind, der saust
und ich atme-
so laut.

Warm, es ist so warm.

Ich renne hinaus in die warme Nacht.

Und der Vogel kreischt,
der Baum, der knarrt,
der Wind, der stürmt
und ich atme-
so laut.

So schwarz,
so grau,
so leer.

Ich höre das Meer,
es rauscht.
Die Wellen brechen an den Felsen.
Gischt spritzt in die Luft.
Das Meer-
so schwarz, so grau, so tief.
Der Strand-
du bist da.
Meine Ahnung wird wahr.
Du liegst da, ich seh' Dich.

Deine Augen

so schwarz,

so leer,

so tief.

Und Dein Atem so still.

Ich hör' auf Dein Herz.

Ich hör' es nicht schlagen.

So still.

Eine Rose am Strand,

aus dem Meer, aus den Wellen

angespült; so weit.

Ich halt' Dich im Arm.

Die Rose schenke ich Dir.

So schwarz, so grau, so weit.

Du bist warm,

noch warm,

doch weit weg,

so weit.

Ich bin still.

Ganz still.

Es ist still.

Denn der Vogel schweigt,

der Baum wird ruhig,

der Wind verweht,

doch ich atme-

ich atme für Dich.

Denn Du tust es nicht.

Ollamain

Einen Freund wie Dich,

mein weißer Ritter,

Wächter der Shalyn Falah;

Einen Freund wie Dich,

mein treuer Krieger

Tänzer mit dem Schwert;

Einen Freund wie Dich

finde ich in den Seiten,

die mein Zuhause wurden.

Und vielleicht trägt der Wind meine Worte

über die die Grenze der Phantasie

in Dein geheimes Land.

Abschied

Weiß wie Schnee ist Dein Gesicht
Wie Eis gefriert mein Herz vor Leid
Deine Augen sind geschlossen
Du trägst Dein wunderschönstes Kleid.

Blumen rahmen Deine zart
verblassend zierliche Gestalt
Ich halte Deine Hand in meiner
Federleicht und winterkalt.

Zeit wird leer bedeutungslos
Zerrinnt und fällt wie rieselnd Sand
erbarmungslos durch meine Finger
herab wie Staub aus meiner Hand.

Die Stille die Dein Herz umgibt
Lang hast du Dich danach gesehnt
Nach der Ruhe und dem Frieden
der Dich mit der Welt versöhnt.

Ich weiß, Du findest Deinen Platz
Voll Glück und Freude irgendwo
Ein Paradies, ein Leben nach dem Tod
Dafür bete ich nun und lasse Dich los!

Schmetterling

Sanftes Herz aus Bernsteingold,
Schmetterling genannt.
Deine Flügel tragen Dich
in ein fernes Land.

Ich sah Dich kämpfen im Sturm,
Flügel schon zerfetzt,
aufbegehrend, aber der
Herbst siegte zuletzt.

Ich sah Dich tanzen im Wind,
schweben in der Luft –
und Sonnenstrahlen weinen,
als das Ende ruft

und die fallenden Blätter
Dich zudecken hold
Und begraben Dein sanftes
Herz aus Bernsteingold.

Die Verstummte

…Und wenn Du schweigst,
sag, singst Du ein Liebeslied,
dessen stille Zauberworte
flüsternd Deine Seele schrieb?

Und wenn Du weinst,
sag, erzählst Du mir vom Paradies,
Deinem Zuhaus,
dem Ort, den Du allein für mich verließt?

Und wenn Du lachst,
sag, ist das wirklich echt,
oder alles nur Fassade
und Du lächelst nur für mich?

Und wenn Du schläfst,
sag, wovon träumst Du dann?
Vielleicht von einer Stimme,
die mir endlich alles sagen kann.

Die Stimme

Schwach und müde

Ich kann nicht mehr.

    Halt die Augen auf

    Ich weiß, es ist schwer.

Meine Kehle wird eng

Meine Augen brennen.

    Weine nicht,

    vergieß bloß keine Tränen.

Ich kann es nicht steuern

Ich kann es nicht lenken.

    Halt dich zurück

    Was sollen die anderen denken?

Es merkt doch keiner

Sie sehen mich nicht.

    Schau Dich doch um

    Sie blicken alle nur auf Dich.

Ich fühle ich schwebe

Ich bin unsichtbar.

    Selbst wenn es so wäre

Ich bin immer noch da.
Sie können Dich nicht hören
Und sehen Dich nicht.
Und doch bin ich vernichtend
Ich vernichte Dich!

Leise, so leis' fliegt ein Traum durch die Nacht

Leise, so leis' fliegt ein Traum durch die Nacht.
In den Armen des Windes, so leise, so sacht.
Er klopft an Dein Fenster, im Mondlicht ganz blass
Und flüstert so leise und unhörbar fast:
„Wach auf, denn für Dich werden Tränen geweint!"
Doch Du kannst nichts hören und schläfst wieder ein.

Tränendes Herz

So weiß, so rein, wie unberührter Schnee,
so weiß und rein, so unberührt ihre Haut,
so jungfräulich schön ihr helles Lachen im Wind.
Doch so weiß wie Schnee, so weiß ein wolkenschwerer
Himmel, so weiß ein Hagelkorn,
so rot der Schmerz.
Rot wie die Liebe, rot wie ihr Blut im Schnee.
Im Schnee so grau, so grau wie Regenwolkentrümmer,
so geschunden liegt sie da.
So weiß, so leer wie Augen ohne Farben,
so weiß, so leer, ein Buch ohne Worte,
so schweigend und still ihr Herz.
Doch so weiß wie die Leere,
so weiß der kleine Funken Licht,
so rot die ferne Hoffnungsglut.
Rot wie die Liebe, die Kraft der Magie,
rot wie das Feuer verbrennt.
Der Rauch so grau, so grau wie die Erinnerung,
verweht im regenschweren Sturm.

So weiß, so leicht, wie ein Schmetterling im Flug,

so weiß und leicht, so verzeihend ihr Herz,

so mütterlich schön ihr helles Lachen im Wind.

Märchen

„Steh auf, denn die Sonne ist schöner als je zuvor!"

Winterblütenstaub

Der Winter hätte schon lange vorbei sein müssen. Laut Kalender hatte der Frühling schon vor fast zwei Monaten angefangen. Doch noch immer bedeckte Schnee die verlassenen Straßen und am Fenster zeichneten sich Eisblumen weiß vor der kalten Dunkelheit ab.

Die Arme bang vor der Brust verschränkt, stand sie im unbeleuchteten Zimmer am Fenster und spähte hinaus.

Sie sah die Gestalten, huschende Schatten.

Sie kamen und gingen und holten sich die Kinder.

Sie kamen und gingen und hinterließen nie eine Spur.

Niemand hatte sie gesehen, niemand gehört- ob sie fliegen konnten?

Die junge Frau zog den Umhang etwas enger um die Schultern. Der Knoten in ihrem Haar löste sich, sie zog die Haarnadel heraus und ließ ihr langes, helles Haar über den Rücken fallen.

Sie erinnerte sich an alte Geschichten. Sie seien wunderschön, hieß es und feierten wilde Feste mit den

Menschen. Doch wer von ihren Speisen und Tränken nahm, der gehörte für immer ihnen.

Ein Schatten huschte dicht am Fenster vorbei und die junge Frau fuhr erschrocken herum, als sie hinter sich leise Schritte hörte.

Ein kleines Mädchen im weißen Nachthemd stand in der Zimmertür und blickte mit großen, ängstlichen Augen seine Mutter an. Diese lief auf ihre Tochter zu, beugte sich zu ihr hinab und küsste sie auf die blonden Locken.

„Ich kann nicht schlafen, Mama", flüsterte das kleine Mädchen und ihre dunklen Rehaugen wurden noch größer, „sie beobachten mich!"

Der jungen Frau rieselte es eiskalt das Rückgrat hinab. Wie sehr hatte sie gehofft, ihrer Tochter die Angst zu ersparen, aber natürlich hatte das kleine Mädchen gemerkt, wie leer die Straßen geworden waren und wie still in den Häusern, aus denen sonst zahlreiche Kinderstimmen erklungen waren.

„Sie können dir nichts tun", versprach die junge Frau, „ich passe auf dich auf!" Dann nahm sie ihre Tochter auf den Arm und trug sie zurück ins Bett.

Wie ein Heiligenschein breiteten sich die Haare auf dem Kissen um das zierliche Gesicht aus.

Das Mädchen blickte zum Fenster. „Schau nicht hinaus", mahnte seine Mutter, doch das Mädchen starrte weiter hinaus in die sternenlose Nacht. Es begann zu summen und erinnerte sich plötzlich an ein Lied, das seine Mutter ihm einmal vorgesungen hatte. Mit seiner glockenhellen Stimme begann es jetzt zu singen:

„Sitze, wo die Katze sitzt.

Kreuze deine Füße.

Schließe deine Augen

rieche eine Rose.

Dann sprich....."[1]

Erschrocken presste die junge Frau ihrer Tochter die Hand auf den Mund, als sie das alte Feenlied erkannte.

„Sing das nicht!", zischte sie, „damit lockst du sie!"

Das kleine Mädchen sah sie mit großen, unschuldigen Augen an. „Ich friere", flüsterte es.

Die junge Frau nickte müde. Es war bitterkalt im Zimmer. Die Kälte kroch durch die Wände und durch das Fenster und schürte die Angst vor der Nacht.

---

[1] Brian Froud, Terry Jones – Lady Cottington's Pressed Fairy Book

„Weißt du noch", begann die Frau, „wie wir letztes Jahr in die Berge gefahren sind? Das muss ungefähr um die gleiche Zeit wie jetzt gewesen sein. Aber damals war es schon warm, weißt du das noch?" Das kleine Mädchen nickte und die Frau fuhr fort: „Da war dieser eine warme Tag, an dem die Sonne schon richtig Kraft hatte und wir beide zogen unsere Sommerkleider an und setzten schicke Sonnenhüte auf und machten einen langen Spaziergang durch die Felder."

Die junge Frau sah, wie ihre Tochter die Augen schloss und sie wusste, dass das Mädchen vor seinem inneren Auge die alten, frohen Bilder sah.

„Erinnerst du dich an den duftenden Wind?", begann sie wieder, „er roch nach Gräsern und nach all den bunten Blumen und wir waren so glücklich, dass wir lachend über die Wiesen rannten, während zart blaue und lila Blütenblätter um uns herum tanzten.

Schließlich waren wir so müde, dass wir auf einer besonders schönen Blumenwiese Rast machten und einfach nur auf das Zwitschern der Vögel und das Rauschen der Bäume hinter uns horchten."

Die Frau verstummte kurz und wunderte sich, wie genau sie sich plötzlich an alle Einzelheiten erinnerte.

„Ein Schmetterling hat sich auf deinen Arm gesetzt, aber du warst so erschrocken, dass er wieder davon geflogen ist. Dann bist du aufgestanden und hast einen Blumenstrauß gepflückt. Mit den schönsten Blumen der Wiese. Du hattest Blütenstaub im Gesicht, als du mir den Strauß geschenkt hast!"

Die junge Frau betrachtete lächelnd ihre Tochter. Diese war eingeschlafen, mit dem ruhigen Ausdruck seliger Zufriedenheit im Gesicht. Ob sie von duftenden Blumenwiesen im Sonnenschein träumte?

Für einen kurzen Moment hatte die junge Frau die Kälte und die Angst vertreiben können, nun kehrten sie zurück. Die Frau war froh, dass ihre Tochter entspannt eingeschlafen war.

Sie selbst verging vor Sorge. Ihre Tochter hatte das verbotene Lied gesungen. Was, wenn sie sie damit auf sich aufmerksam gemacht hatte? Konnte es sein, dass es gehört worden war? Der jungen Frau fiel etwas ein, was sie irgendwann einmal gehört hatte: „Sie sind so zahlreich wie die Grashalme. Sie sind überall."

Die schlanken Hände der Frau begannen zu zittern.

Sie sind überall.

Tränen fielen in das weiche Haar des Mädchens, als die Frau sich über es beugte und den vertrauten, frischen Kinderduft einatmete. Sie würde die ganze Nacht hier wachen und nicht zulassen, dass sie ihr ihre Tochter nahmen.

Vor dem Fenster bewegten sich dunkle Gestalten.

Die Zeit verging unendlich langsam und die Müdigkeit nagte an der jungen Frau. Sie dachte an die bunten Blumenwiesen und konnte fast das vielstimmige Lied der Vögel hören, fast den warmen Wind auf ihrem Gesicht spüren.

Die Lider wurden ihr schwer.

Wie die Blumen dufteten und wie klar der Himmel war.

Sitze, wo die Katze sitzt, kreuze deine Füße...

Sie sind überall.

Die junge Frau fuhr auf und ein eiskalter Schlag fuhr ihr mit dunklem Schmerz durch den ganzen Körper- das Bett vor ihr war leer.

Licht und Scherben

Die Prinzessin ließ das Licht durch ihre Hände gleiten. Durch die Finger der rechten in die zur Schale geformte Linke und wieder zurück. Langsam bildeten sich winzige Kugeln, strahlende Perlen aus Licht. Sonnenperlen.

Die Prinzessin lächelte und in ihren traurigen Bernsteinaugen blitzte kurz ein Funken vergangener Freude auf.

Im gleißenden Licht des Tages erschien iihre porzellanene Haut noch heller als sonst, fast durchscheinend und ein zart blaues Kleid umschmeichelte ihren zierlichen Körper. Honigfarbene Haare fielen in sanften Wellen bis zu ihrer schmalen Hüfte.

Das Lächeln verblasste.

Ein warmer Wind kam auf und die Blätter in den Bäumen flüsterten der Prinzessin tröstende Worte zu. „Komm", säuselte der Wind, „es ist Zeit." Und dann hob er sie in seinen Arm und trug sie auf sanften Schwingen davon, geradewegs an den düsteren Fluss. Geheimnisvoller Dunst lag darüber und verdeckte die Sicht auf das andere Ufer.

Kaum hatte der Wind das Mädchen abgesetzt, erklangen Ruderschläge aus dem dichten Nebel und kurz darauf legte ein Boot an.

Eine unheimliche Gestalt erklomm das Ufer und kam auf die Prinzessin zu. Die Gestalt ging gebeugt unter einem langen, schwarzen Umhang und eine weite Kapuze verbarg ihr Gesicht. Nebel waberte um ihre Füße.

„Da bist du ja, Prinzessin", erklang eine leise, krächzende Stimme aus den Schatten der Kapuze, „was bringst du mir?"

Das Mädchen streckte der Gestalt eine Hand entgegen. Warmes, helles Licht flutete daraus empor.

„Sonnenperlen, Herr", antwortete sie mit klarer Stimme.

„Das ist alles?", brauste die Gestalt auf.

Die Prinzessin zog ihre Hand zurück. Da erklang aus dem unergründlichen Dunkel des Umhangs ein heiseres, böses Lachen.

„Hast du gedacht, ich würde ihn für eine Hand voll Perlen zurückholen? Ich erwarte mehr!"

Damit drehte die dunkle Gestalt sich um, stieg ins Boot und verschwand mit ein paar Ruderschlägen im Nebel.

Das Mädchen rief den Wind und kaum hatte sie seinen Namen gedacht, spürte sie auch schon seine streichelnden Hände auf ihrer Haut. Einen Augenblick lang gab sie sich seiner Liebkosung hin. Dann wisperte sie: „Bring mich ans Meer!" und der Wind nahm die Prinzessin in einer zärtliche Umarmung und trug sie ans Meer. Gerade in dem Moment, als die glutrote Sonne das Wasser berührte und mit ihrem Licht einen Pfad aus flüssigem Gold bis zum Horizont malte.

Vorsichtig setzte die Prinzessin einen nackten, porzellanweißen Fuß auf die ruhige Oberfläche.

Dann den anderen Fuß und Schritt für Schritt ging sie über die goldene See, hin zum Tor zum Ende der Welt, dem Regenbogen.

Bald ragte er vor ihr auf, ein eindrucksvolles Gebilde aus buntem Licht.

Die Prinzessin ließ das Licht durch ihre Hände gleiten. Langsam bildeten sich feine Fäden. Schillernde Seide aus Licht. Regenbogenseide.

Das Mädchen betrachtete lächelnd den kostbaren Stoff. Dann trat sie geschwind den Rückweg an. Fast flog sie über das Wasser, bis der warme Wind seine Arme um sie legte und sie erneut an den düsteren Fluss brachte.

Kaum war der Wind verweht, drang die heisere Stimme des Fährmanns dumpf aus dem dichten Nebel: „Was bringst du mir?"

Die Prinzessin suchte das Ufer ab, doch den Fährmann entdeckte sie nicht.

„Sonnenperlen, Herr", rief sie ins Nichts, „in einem Tuch aus Regenbogenseide!"

„Nicht genug, nicht genug", erklang die verächtliche Stimme der vermummten Gestalt,

„wenn du ihn zurück haben willst, erwarte ich mehr!"

„Aber was?", rief das Mädchen und in ihren Bernsteinaugen schwammen verzweifelte Tränen, doch der Fährmann antwortete nicht mehr.

Da drückte der Wind das weinende Mädchen an seine warme Brust und trug sie fort, weit fort, bis zur Himmeltreppe, die geradewegs zu den Sternen führte.

Am Fuß der Treppe wachte ein Engel. Er lächelte liebevoll, als das porzellanene Mädchen auf ihn zu kam.

„Ich weiß wonach du suchst, Prinzessin", sagte er und winkte einladend, „komm mit!"

Und rasch erklommen sie die Stufen in den Himmel.

Überrascht stellte das Mädchen fest, dass die Sterne in Wirklichkeit wunderschöne Blumen waren. Der Engel nahm eine Sternenblüte und hielt seine andere, zur Schale geformte Hand, darunter. Sogleich rieselte funkelnder Blütenstaub hinein. Blütenstaub? Die Prinzessin lächelte. Sternenstaub.

Der Engel nahm die Sonnenperlen in der Regenbogenseide und streute den Sternenstaub darüber. Dann sah er das zierliche Mädchen eindringlich an.

„Überlege es dir gut", warnte er geheimnisvoll, „wer einen Handel mit dem Tod eingeht, wird einen hohen Preis bezahlen müssen!"

„Ich weiß", die Stimme des Mädchens war fest, „er ist es mir wert!"

Da lächelte der Engel traurig und nickte. Und dann tat er etwas, was der Prinzessin Tränen der Rührung in die Augen trieb. Er schnitt sich eine goldene Locke aus seinem kostbaren Engelshaar und band die Regenbogenseide oben zu einem Bündel zusammen. Es war ein prachtvolles Werk.

Nachdem der Engel die Prinzessin die Stufen der Himmelstreppe wieder hinunter begleitet hatte, nahm der treue Gefährte Wind seine zerbrechliche Freundin erneut mit sich, um sie ein weiteres Mal an den schicksalhaften, düsteren Fluss zu bringen.

Am Ufer lag das Boot und im hohen Schilf, umhüllt von Nebelschwaden, stand die gebeugte Gestalt des Fährmanns.

Sein Blick richtete sich unsichtbar aus den Tiefen seiner Kapuze auf das Mädchen, dessen helle Haut sich hart vom Dunkel des bedrückenden Ortes abhob.

„Was bringst du mir, Prinzessin?"

„Sonnenperlen, Herr, in einem Mantel aus Sternenstaub und in einem Beutel aus Regenbogenseide, verschlossen mit goldenem Engelshaar."

„Was soll ich mit all deinem Licht und den Farben?", er spie ihr die Worte entgegen, „um ihn dir zurück zu geben, verlange ich mehr!"

„Aber was denn?", rief das Mädchen.

Da blitzte ein Messer in der Hand des Fährmanns auf und seine Stimme war kaum mehr als ein bedrohliches Grollen: „Ich verlange...dein Herz!"

Dem Mädchen rannen dicke Tränen über die porzellanweißen Wangen.

„Herr,...", begann sie, doch die schwarz gewandete Gestalt kam schon auf sie zu. Dicht vor der Prinzessin blieb sie stehen und streckte den Arm mit dem Messer aus. „Tu es", zischte sie.

Mit einem Mal fühlte die Prinzessin den Wind. Eine sanfte Berührung. „Kehr um", flüsterte er, „vertrau ihm nicht dein Leben an!"

Ein Raunen ging durch das Schilf und jedes Blatt schien sie plötzlich zur Umkehr anzuflehen.

„Wer einen Handel mit dem Tod eingeht, wird einen hohen Preis bezahlen müssen!" Kurz schoss dem Mädchen die Warnung des Engels durch den Kopf, doch dann ergriff sie entschlossen das dunkle Messer des Fährmanns und schnitt sich ihr kleines, kristallenes Herz aus der porzellanen Brust. Dann öffnete sie den Beutel aus Regenbogenseide, legte das Herz auf die glitzernden Sonnenperlen im Sternenstaub und band zuletzt das goldene Engelshaar darum.

Als der Fährmann ihren endlich akzeptierten Preis annahm, durchströmte das Mädchen heiße Freude.

„Jetzt bring ihn zu mir!", forderte sie.

Doch der listige Fährmann dachte nicht daran, den Tod um den Prinzen zu betrügen, den die Prinzessin zurück verlangte und mit einem boshaften Auflachen schmetterte er das kostbare Geschenk auf den Boden und das kristallene Herz zerbarst in tausend Scherben.

„Oh nein", widersprach da der Fährmann und deutete mit einer knöchernen Hand auf das kleine Boot, ich bringe dich zu ihm!"

Sternentänzerin

„Und als der große Geist Heammawihio sah, dass die Menschen alles wussten, was er sie lehren konnte, da löste er seine menschliche Gestalt auf und verließ die Erde. Er stieg ins Himmelreich, wo er sich im großen, silbernen Band, der Milchstraße niederließ, um dort auf die Seelen der Menschen zu warten, die nach ihrem Tod zu ihm empor steigen."

Hier endete die weise Cheyenne ihren Bericht und schloss ihre müden Augen. Sie war alt.

Ihre langen Haare waren dünn und weiß und auf ihre pergamentene Haut hatte die Zeit ihre Geschichten in tiefe Falten geschrieben.

Doch noch ließ der große Geist ihre Seele auf der Erde verweilen und schenkte ihr kostbare Atemzüge, Tag für Tag.

Namida stand auf. Sie wusste, dass die weise Frau nun allein sein wollte, wusste, dass die Stunde der alten Cheyenne gekommen war. Sie spürte, wie ihr Tränen die Kehle zuschnürten, doch sie hatte gelernt nicht zu weinen.

Tief sog sie die kühle Luft der anbrechenden Nacht in ihre Lungen und schluckte die Tränen hinunter.

Rastlos lief sie durch den dunkler werdenden Abend, bis sie sich schließlich auf einem Felsvorsprung, abseits des schützenden Lagers wiederfand.

Der Mond stand hoch am nachtblauen Himmel und die Sterne verzauberten die grasbewachsene Landschaft in ein glitzerndes Silbermeer.

Namida schlang die Arme um ihren fröstelnden Körper und wiegte sich sanft hin und her.

Sie schloss die Augen.

In ihrem Kopf entstand eine Melodie, Worte formten sich und Namida stimmte einen melancholischen Singsang an, zu dem sie in einen graziösen, tranceartigen Tanz verfiel.

Der kalte Wind spielte mit ihren langen, schwarzen Haaren, zerrte an ihrem dünnen, aufwändig besticktem Kleid und ließ zahlreiche Ketten und Bänder zu einer geheimnisvollen Nachtmusik erklingen.

Namidas Singsang steigerte sich zu melodieloser Ekstase und ihre Bewegungen verschwammen in rasender Geschwindigkeit.

Dies war ihr Zauber, ihre Magie, ihre Macht.

Namida, Sternentänzerin, die in silbernen Nächten Wunder zu vollbringen vermochte.

Sie spürte die Energie, spürte den Blick der Götter auf ihr und betete für die weise, alte Frau, die sie so lieb gewonnen hatte.

Mit einem letzten verzweifelten Ton spürte Namida wie die Kraft sie verließ, ihre Bewegungen erschlafften und sie sank auf die Knie.

Undurchdringbare Finsternis umfing sie, als sie die Augen öffnete. Schwerelos glitt sie durch die Dunkelheit, bis sie das vertraute, milchige Licht in der Ferne erblickte.

Aus den Augenwinkeln nahm sie eine Bewegung wahr. Die alte Cheyenne schwebte ziellos durch die Zwischenwelt. Behutsam nahm die Sternentänzerin deren leblosen Körper in die Arme und trug sie ans Licht, auf den milchigen Weg zum großen, silbernen Band.

Je weiter sie schwebten und je näher sie ihrem Ziel kamen, desto jünger und schöner wurde die weise Frau. Ihre Haare wurden weich und schwarz, ihre zerfurchte Haut glättete sich und ihr Körper wurde gesund.

Sie hatten ihr Ziel fast erreicht.

Da tauchte plötzlich eine Gestalt vor ihnen auf. Namida presste die Seele der Cheyenne fest an sich und glitt auf den Schatten zu.

Es war ein Mann. Seine schwarzen Haare waren zu einem langen Zopf gebunden und ein kunstvoller Federkranz schmückte seine Stirn. Er schien jung zu sein, doch seine dunklen Augen waren uralt und in ihren Tiefen lag jahrmillionenalte Weisheit verborgen.

„Heammawihio", wisperte die Sternentänzerin, als sie erkannte, wer da vor ihr stand. Andächtig senkte sie den Blick. So vielen Seelen hatte sie den Weg in sein Reich geleitet, doch niemals war er ihr begegnet, niemals hatte sie ihn gesehen.

„Namida, Sternentänzerin", sagte der große Geist mit warmer, altersloser Stimme, „ich weiß, wie schwer die Aufgabe ist, die dir auferlegt wurde und ich weiß, wie schwer es für dich ist, mir diese Seele zu bringen, die dir so viel bedeutet. Und doch stehst du hier vor mir, deine Pflicht zu erfüllen, obwohl dein Herz voll Trauer ist. So höre mir zu:

Einst, vor langer, langer Zeit, noch bevor der erste Tag der Welt angebrochen war, als Sonne und Mond noch gemeinsam am Himmel standen und als Augenblicke Jahrhunderte dauerten, verliebten sich Erde und Sonne ineinander und die Sonne beugte ihr Haupt gen Erde und küsste sanft den Horizont.

Der Mond aber wurde eifersüchtig. Sein Zorn verdunkelte die ganze Welt und die Nacht verschlang die Sonne.

Da begann die Erde zu klagen und beweinte den Verlust mit salzigen Tränen.

Doch die Sonne war nicht gestorben. Sie streifte nur ihre sterbliche Hülle ab und als ihre Seele frei war, stieg sie in leuchtenden Kleidern zum Himmelszelt empor und strahlte so hell, dass selbst der Mond sich vor ihr verneigte.

Für die Erde aber war die Sonne nun unerreichbar weit. Doch als sie verzweifelt aufblickte, lächelte die Sonne ihr von oben zu- und war schöner als je zuvor."

Der große Geist verstummte, trat auf Namida zu und legte ihr segnend eine Hand auf den Kopf.

Dann wurde es dunkel.

Als Namida die Augen aufschlug, lag sie im weichen Gras des Felsvorsprungs.

Der Horizont färbte sich bereits rot.

Lange blieb sie so liegen und dachte über das Geschehene nach, doch so sehr sie sich auch zu erinnern versuchte- sie konnte nicht einmal sagen, ob die Begegnung Wirklichkeit gewesen war, oder nur ein Traum.

Nun liefen ihr doch Tränen über die Wangen, während die Sonne als glutroter Ball in der Ferne aufging.

Da schreckte eine alterslose Stimme Namida aus ihren Gedanken: „Steh auf!"

Namida fuhr hoch- und blickte in zwei uralte Augen.

„Steh auf, Namid' Abhilasha- Sternentänzerin, dessen Sehnsucht unermesslich ist. Steh auf, denn die Sonne ist schöner als je zuvor!"

Saphiraugen

Der Ruf eines Eistauchers durchschnitt die Stille. Als klagendes Echo trug die Dunkelheit den Schrei in die Nacht.

Kein Stern stand am Himmel, doch ein halber Mond warf sein milchiges Licht auf das Wasser und verwandelte es in ein funkelndes Diamantenmeer.

Wie ein Schatten huschte er über die Felsen und nur leise knirschten seine Schritte auf dem steinigen Strand. Als er den Blick hob, lag die Mole vor ihm; und da war sie: eine schmale Silhouette im blassen Schein.

Sein Herz klopfte wild und schien ihm aus der Brust zu springen, als er langsam über die gischtfeuchten Steine auf sie zu ging.

Mit einer fließenden Bewegung drehte sie sich herum und ihre traurigen Saphiraugen blickten ihn an. Wie flüssiges Dunkel umrahmten die Haare ihr bleiches Gesicht und ein nachtblaues Kleid umspielte
ihren zierlichen Körper.

Hände wie Schnee streckten sich ihm entgegen und er ergriff sie und hielt sie fest; so sacht, als könne sie zerbrechen.

„Meine Prinzessin", hauchte er, „Prinzessin der Nacht. Wenn die Welt schläft, gehörst du mir, doch noch bevor der Tag anbricht, schickst du mich fort und ich muss gehen. Und suche ich im Licht nach dir, bist du nicht da."

In ihren Saphiraugen glitzerten Tränen und sie senkte den Blick.

„Das ist mein Los", wisperte sie, „dass ich des Tags verschwunden bin. Aber die Nacht gehört uns."

Und als ihre Lippen die seinen berührten, verschwand ihre Trauer und sie wurde eins mit der Zeit, mit der Nacht, bis am Horizont ein Tansanitschein den nahenden Tag verkündigte.

Sie schreckte hoch. „Du musst fort!"

Ohne seine Augen zu öffnen, schüttelte er den Kopf.

„Geh!" Ihre Stimme zitterte, sie war aufgesprungen und als er nun die Augen aufschlug, sah er eine einsame, kleine Träne ihre Wange hinab rollen. So kalt und klar wie ein Beryll.

Er stand auf, doch ihre Hände ließ er nicht los.

„Bitte", sie flehte ihn an, „und schau nicht zurück!"

Zögernd trat er zurück. Jeder Schritt von ihr fort tat weh, doch in ihren traurigen Augen stand Angst und so drehte er sich um und lief über den Steg zurück zu den Felsen.

Hier, im schützenden Schatten blieb er stehen. Wie oft hatte er hier gestanden, mit sich gehadert und war dann doch weiter gelaufen, ohne sich umzusehen.

Wie gerne wüsste er, wohin sie ging, wenn der Tag anbrach, wie gerne würde er sie noch einmal sehen, wie gerne... und er blickte zurück.

Wie Flügel wehte ihr Kleid im kalten Wind und gab ihr das Antlitz eines Schmetterlings; eines Schmetterlings der Dunkelheit.

Er trat heraus aus den Schatten und als hätte sie ihn gespürt, wirbelte sie herum, ihr tränennasses Gesicht von Panik verzerrt. Sie öffnete den Mund, als wollte sie ihm etwas zurufen.

Doch da löste sich der erste Sonnenstrahl aus dem Meer und kaum hatte er sie berührt, verwandelte sich ihre Haut in Fell; ein markerschütternder Schrei entrang ihrer Kehle, bevor er in ein verzweifeltes Schluchzen überging, das sich mit dem klagenden Ruf des Eistauchers zu einer herzzerreißenden Melodie vereinte.

Wie erstarrt blickte er von den Felsen auf die Mole. Von seiner Prinzessin war nichts weiter übrig, als ein kleiner Seehund, der mit bittertraurigen Saphiraugen seinen Blick erwiderte, sich dann abwandte und im Meer verschwand.

In einiger Entfernung tauchte er noch einmal auf und blickte zu den Felsen empor; zu *ihm*.

Das Wasser perlte von seinem weichen Seehundgesicht wie Tränen. Einsame Tränen. So kalt und klar wie ein Beryll.

„Geliebte Heimat..."

Hinter der hohen Fensterfront ruhte der Wald. Schlafende Riesen, kahl und kalt schwiegen sie über vergessene Zeiten.

„Geliebte Heimat..."

Der Stift zitterte in seiner Hand. Er war müde, müde und alt und die Jahre hatten sich tief in sein Gesicht gegraben. Furchen, tief wie die Risse in seinem Herzen, wie die Schluchten in seinem Leben. Er war müde, müde und alt und er schwieg über nie vergessene Zeiten.

„Geliebte Heimat..."

Seine Stimme war schwach und gebrochen, zerbrochen wie seine Augen, Scherben zu vieler Augenblicke, die zu viel gesehen haben.

Schlafende Riesen, Winterskelette. Der Wald war ein Friedhof, ein Friedhof der Zeit.

„...mein Herz bleibt dir treu..."

Die Hand versagte, wurde untreu, untreu wie das Herz, „mein Herz bleibt dir treu", eine Lüge.

Tückisch wie die See, die tobende Furie, die sich hart und kalt an den Felsen brach.

Salzwasser auf seinen Lippen, in seinen Adern. Er war ein Kind der See, ein Kind der Wellen.

„Geliebte Heimat..."

Eine Böe erfasste die schlafenden Riesen, schrie klagend durch ihre starren Glieder, kahl und kalt. Hart und kalt zerbarst die schwarze Wintersee, warf sich donnernd gegen den Stein.

Salzwasser auf seinen Lippen, in seinen Adern, Salzwasser rann aus dem Füllfederhalter und tropfte hinab in den Abgrund, in die tosende Dunkelheit...

Hinter der hohen Fensterfront ruhte der Wald.

„Geliebte Heimat..."

Sein Koffer stand gepackt, gefüllt mit Erinnerungen und Bildern und mit der Freude auf das, was er wiedersehen würde. Er ließ alles zurück und doch nichts, nur einen Brief, einen Abschied aus Tinte.

„Geliebte Heimat..."

Die Tinte erwachte, türmte sich auf, ein gewaltiges Rollen, zerschmetterte mit Gebrüll, brach auseinander in dunkle Fetzen, Fetzen aus Worten:

„Geliebte Heimat..."

Schlafende Riesen, Winterskelette, tobende Wellen, Wintersee.

Ein Strich wie ein Riss, wie die Risse in seinem Herzen. Die Heimat zerteilt.

Ein Strich teilt die Worte, hart und kalt, zerbricht sie in Fetzen, dunkle Fetzen, zerbrochen wie die Welle am Fels.

Salzwasser in seinen Augen, ein Kind der See, ein Kind der Wellen, begraben auf einem Friedhof der Zeit, unter Bildern der Sehnsucht, unter einem Abschied, der keine Worte kennt.

„Geliebte Heimat..."

Mondkind

Noch als sich ihre großen, blauen Kinderaugen schlossen, hielt sie ihn fest umschlungen.

Verzweifelt klammerte sich ihr kleiner Körper an ihm fest; ihr einziger Trost, ihr einziger Schutz in der gefürchteten Nacht.

Reglos und engelsgleich ruhte ihr Kopf an seiner Schulter und mit jedem Atemzug atmete sie seinen vertrauten Duft. Mit jedem Atemzug sank sie tiefer in den Schlaf; in den gefürchteten Schlaf.

Reglos und engelsgleich zeugte nichts von der Angst, die unter Haut wie Schnee an der zarten Kinderseele nagte und von den Bildern, die wie Scherben das kleine Kinderherz zerschnitten.

Reglos und engelsgleich ruhte ihr Kopf an seiner Schulter und er wachte über sie. Solange sie ihn hielt, wachten seiner schwarzen Augen über ihren Schlaf.

Der kleine Körper regte sich. Von Träumen gequält, von Träumen geführt.

Haar flutete wie Licht über ihren Rücken, als sie aufstand und ins Mondlicht trat. Wie ein Geist schritt sie vorwärts, barfuß den Flur entlang, über die kalten Dielen, durch die Tür in die Nacht; in die gefürchtete Nacht.

Sie hielt seine Hand und er folgte ihr; ihr einziger Trost. Blass und still, wie das Mondlicht selbst, glitt sie durch die Nacht, barfuß über kaltes Gras, durch die lauernde Dunkelheit, weiter und immer weiter fort von Zuhause.

Seine schwarzen Augen durchdrangen die Nacht. Er zählte ihre Schritte, merkte sich den Weg. Ohne ihn war sie verloren, er war ihr einziger Trost, ihr einziger Schutz in der Gewalt ihrer Träume.

Sie stolperte, ließ in los, richtete sich auf, lief weiter und immer weiter fort von Zuhause, fort von ihm.

Sie ließ ihn zurück, ihren einzigen Trost. Ohne ihn war sie verloren, sie hatte ihn verloren, er war verloren ohne sie.

Seine schwarzen Augen durchdrangen die Nacht. Er war allein. Nur in der Ferne schwebte ein kleines Mädchen wie ein Geist, wie das Mondlicht selbst, von Träumen gequält, von Träumen geführt durch die Nacht; durch die gefürchtete Nacht.

Tränen wie Silber perlten aus ihren geschlossenen Augen. Ob sie spürte, dass sie verloren war?
Verloren lag er im kalten Gras. Weinte er auch? Oder war es Tau, der in den schwarzen Knopfaugen glitzerte und wie eine Träne in den Teddypelz rann.

Erlösung

Ich presse meine heiße Stirn gegen den kalten Stein. Die Kälte fährt mir wie ein Blitz hinter die Schläfen und belebt meinen müden Geist.
Ich öffne die Augen. Wie schwarzes Glas erscheint mir die spiegelglatte Oberfläche des dunklen Wassers vor mir.
Es ist totenstill und mein Atem hallt wie ein ungebetener Gast viel zu laut durch den endlosen Raum.
Ein Windhauch berührt mein Gesicht und jagt mir mit eiskalte Schauer das Rückgrat hinab.
Das Wasser vor mir erzittert und meine feine Nase nimmt den Rauch von verloschenen Kerzen wahr.
Zwei Augen richten sich auf mich. Ich kann sie fühlen. Wie zwei brennende Punkte bohren sie sich in meinen Rücken.
Ich richte mich auf. Mein geschundener Körper wehrt sich mit stechendem Schmerz gegen jede Bewegung. Langsam drehe ich mich um. Halt suchend klammern

sich meine zitternden Hände an den Rand des steinernen Beckens.

Der lange Gang vor mir ist leer und auch die hölzernen Sitzreihen sind verlassen.

Vorsichtig setze ich einen Fuß vor den anderen. Meine Schritte erscheinen mir unmenschlich laut.

Als meine Hände sich vom kühlen Becken lösen, schwanke ich. Ein nebliger Schleier legt sich vor meine Augen und nimmt mir die Sicht. Erneute Hitzewellen überspülen mich und setzen meine Stirn in Flammen. Ich fühle, wie mein Bewusstsein schwindet.

Kälte. Fast schmerzhaft durchzuckt mich der Wunsch danach.

Ich sinke zu Boden und Schmerzen fluten meinen Körper. Feuer jagt mit jedem Pulsschlag durch meine Adern, bis die Hitze unerträglich wird. Stumm ertrage ich die Qualen und drücke meine Stirn fest auf den glatten Boden.

Die Stille lastet schwer auf mir, ihr Gewicht drückt mich zu Boden und hindert mich daran, erneut aufzustehen.

Da- ein stechender Blick bohrt sich in meinen Rücken. Ich blicke auf. Die steinerne Skulptur hat ihre kalten

Augen fest auf mich gerichtet. Ihr Blick brennt sich in meine Haut.

Da flutet plötzlich ein helles warmes Licht diesen Ort, eine kühle Hand legt sich auf meine Stirn und nimmt mir die Schmerzen, die Hitze und die Müdigkeit. Jahrhundertschwere Last fällt von meinen Schultern, befreit meinen gepeinigten Körper und Geist und gibt mir eine Stimme wieder. "Ich bereue", flüstere ich.

Da legen sich zärtlich Arme um mich und tragen mich hinein ins gleißende Licht.

Die Goldenen, die Kostbaren, die Wundersamen

Als die Seerose in den frühen Morgenstunden ihre Blütenblätter der aufgehenden Sonne öffnete, erwachte er.

Noch spürte er die Macht der nächtlichen Träume, die die Welt gefangen hielt und ihn schwächte. Doch mit jedem verblassenden Stern wurde er stärker und stärker, bis der erste Sonnenstrahl den korallenfarbenen Horizont durchbrach, ihn in die Arme nahm und davon trug.

Aus schwindelnden Höhen beobachtete er, wie die Welt erwachte, wie der reißende Fluss der Zeit zu rauschen begann und mehr und mehr Menschen in seinen hungrigen Fluten versanken.

Der Anblick machte ihn traurig, doch er wusste, er konnte helfen. Nicht allen, nicht jedem. Doch durch die wabernde, dunkle Masse von Ertrinkenden, sah er flehende Hände, die sich Hilfe suchend ihm entgegen streckten.

Und er stürzte herab zu ihnen, ein goldener Hoffnungsschimmer und war Licht, war Liebe, Geborgenheit, war Wiese und Meer, Wald und Berg, Himmel und Land und trug die träumenden Seelen aus den tobenden Wogen ans Ufer der Zeit; die Goldenen, die aus verschleierten Augen die Gewalt des Flusses bestaunten, die Kostbaren, die mit schlafwandlerischen Schritten flussaufwärts gingen, die Wundersamen, die durch taube Ohren nur gedämpft das wütende Wasser hörten.

Waren sie die Verlierer? Waren sie die Gewinner? Die Bewunderten? Die Vergessenen?

Als der Tag sich dem Ende neigte, beruhigte sich der Strom, wurde leise, wurde sanft und wie Tote trieben nun die erschöpften Kämpfer auf seiner Oberfläche.

„Komm", flüsterte der letzte Sonnenstrahl, hob ihn in seine Arme und trug ihn davon.

Als er noch einmal zurück blickte, sah er Gestalten wie Engel auf dem Wasser tanzen; die Goldenen, die Kostbaren, die Wundersamen.

Sanft setzte der Sonnenstrahl ihn auf seiner Seerose ab und verlosch.

Als die Blume zärtlich ihre Blütenblätter wie liebende Arme um ihn schloss, lächelte der kleine Tagtraum, rollte sich zusammen und schlief bis zum nächsten Morgen.

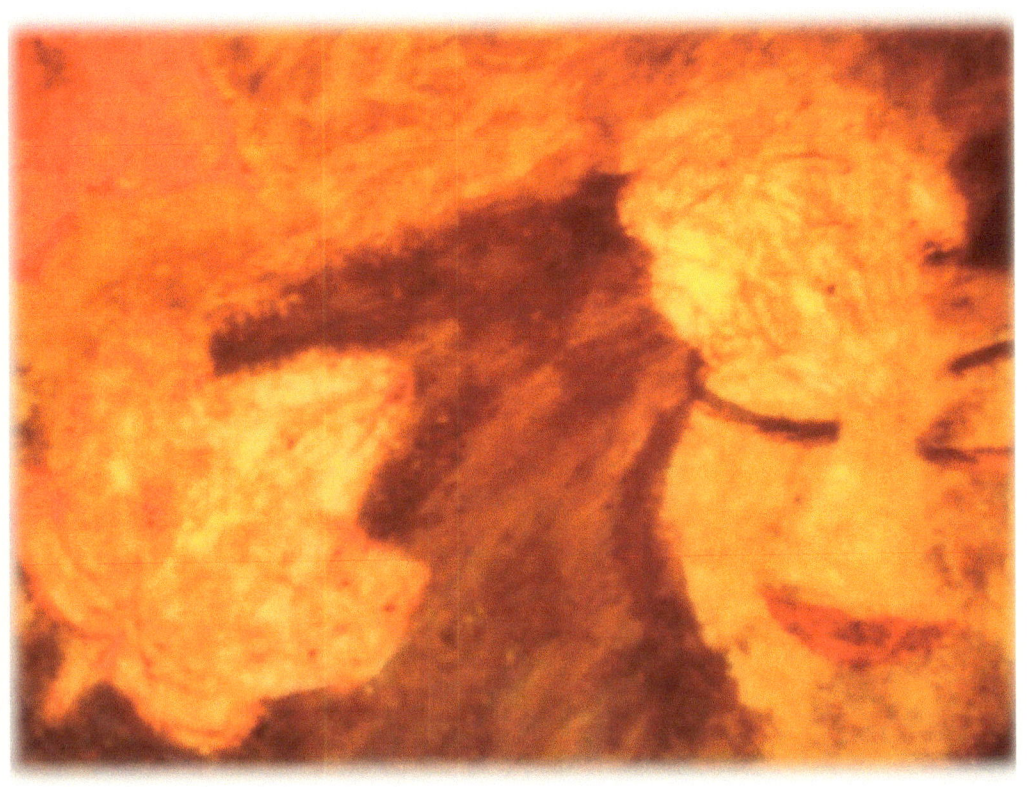

Winterglück

Ich weiß, dass die Welt verzaubert ist, denn sie glitzert. Im silbernen Mondlicht sieht es aus, als seien Sterne vom Himmel gefallen. Tausende und abertausende von Sternen, die die schneebedeckte Welt zum Strahlen bringen.

Und alles ist still, denn alles schläft unter der verzauberten, weißen Decke. Das einzige Geräusch ist der Wind, der mir winzige Kristalle in die Wimpern weht und mir sein kaltes Winterlied ins Ohr singt. Wie gebannt lausche ich der Melodie, während am Himmel das bunte Feenlicht tanzt.

Meine Schritte knirschen im Schnee.

Vor mir taucht eine Baumgruppe auf, bedrohliche Riesen in der Dunkelheit.

Dahinter liegt der See. Dunkel ruht das gefrorene Wasser in der Kälte. In der Mitte des Sees liegt eine dünne Schneeschicht auf dem Eis. Zierliche Fußabdrücke sind darauf zu sehen. Fußspuren von

Elfen, die dort ihren Winterreigen tanzten und sich mit grazilen Bewegungen im Mondlicht drehten.

Nun beobachten sie mich aus ihren Verstecken mit funkelnden Augen, während ihre Zauber die glitzernde Welt in unwirkliches grünes und violettes Licht tauchen.

Auf der anderen Seite des Sees steht ein Haus. Einsam steht es dort zwischen den Tannen und schillernde Eiszapfen zieren seinen Giebel.

Es könnte unheimlich wirken, doch aus den Fenstern fällt warmes Licht in die Nacht.

Es ist bitterkalt, doch die Nähe des Hauses schenkt mir Wärme. Und je näher ich komme, desto geborgener fühle ich mich.

Über der Tür hängt eine Laterne, in der eine Kerze flackert. Im Fenster steht ein Adventskranz mit dicken roten Kerzen. Drei von ihnen brennen bereits.

Die Haustür wird geöffnet und eine Person tritt in den Schein der Laterne.

Ich bleibe stehen und wie sehen uns lächelnd an. Mein Herz beginnt zu klopfen und mein Atem zittert ein bisschen, als ich die eisige Luft in meine Lungen sauge.

Dann kommt er auf mich zu. Meine Knie werden weich.

Er bleibt dich vor mir stehen und ich fühle seinen warmen Atem auf meinem Gesicht. Als seine Lippen meine berühren, geht ein Kribbeln durch meinen Körper und mein Herz scheint für einige Augenblicke auszusetzen.

Ich fühle mich geborgen. Seine Liebe wärmt mich und macht mich glücklich, so glücklich.

Und ich frage mich, ob ich so viel Glück verdient habe. Es ist so viel, zu viel für mich alleine.

Ich schließe die Augen. Sanft nimmt er meine Hände in seine. Er weiß, was ich fühle.

Und gemeinsam teilen wir mein Winterglück.

Inhalt

Gedichte

Abschied	23
Die Stimme	27
Die Verstummte	26
Eine Rose am Strand	16
Erinnerung an eine Sommernacht	10
Lamento No.1	14
Lamento No.2	15
Leise, so leis' fliegt ein Traum durch die Nacht	29
Ollowain	22
Schmetterling	25
Tränendes Herz	30
Traumgeborgen	9

Märchen

Die Goldenen, die Kostbaren, die Wundersamen	78
Erlösung	75
„Geliebte Heimat…"	67
Licht, Farben und Scherben	46
Mondkind	71
Saphiraugen	62
Sternentänzerin	55
Winterblütenstaub	39
Winterglück	82